AF598806

DERIVADO AL ESPECIALISTA

FRANCISCO CANSINO CARRASCO

Aliarediciones

© Francisco Cansino Carrasco
© Derivado al especialista
© ALIAR 2015 Ediciones S.L.

Corrección: Eladia Guerrero
Diseño de cubierta: Pablo Arellano López
Maquetación: Aliar Ediciones

Depósito Legal: 979-13-87823-98-6
ISBN: GR 1521-2025

Impreso en España

Edita
ALIAR Ediciones
www.aliarediciones.es
info@aliarediciones.es

La reproducción total o parcial de este libro, por cualquier medio, no autorizada por los autores y editores, viola los derechos reservados y las leyes sobre la propiedad intelectual.
Cualquier utilización debe ser previamente autorizada.

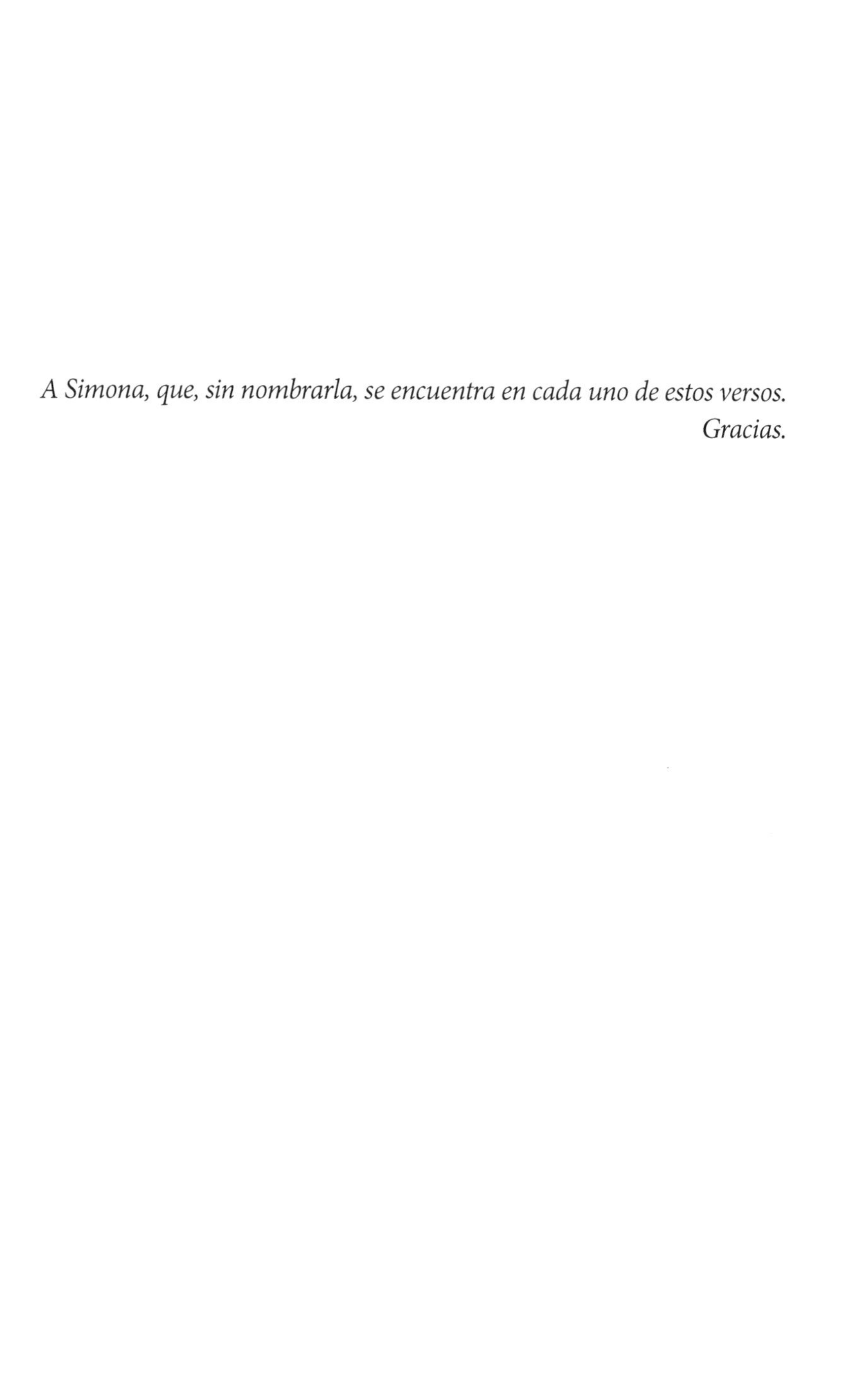

A Simona, que, sin nombrarla, se encuentra en cada uno de estos versos.
Gracias.

Noticias de la fragilidad (algo no funciona)

No se alarme el lector si, en las primeras líneas de este prólogo, encuentra escrita la siguiente afirmación: a pesar de sus muchas mutaciones formales, más o menos radicales, el principal objeto de atención de la poesía sigue siendo la contingencia. A partir de aquí, descuide: no vamos a ponernos tan serios. Frente a las tentaciones hegemónicas que inspiraron el ánimo conquistador en el tránsito del humanismo al imperio tecnológico, la poesía ha ejercido su legítima función de conciencia de la finitud o, más bien, de que los individuos siempre quedamos *a merced* de elementos que no podemos controlar. Cierto pragmatismo nos llevaría a considerar que la sentencia a la poesía que Adorno formuló respecto a Auschwitz tenía más que ver con su inutilidad que con su inoportunidad, pero, en cualquier caso, la historia no tardó en demostrar que la exposición de la condición humana como materia frágil iba a seguir siendo necesaria a pesar de las monstruosidades constatadas (y, claro, puntualmente retornadas). Es ahí, en el poema, donde la humanidad revela de qué pie cojea. En su naturaleza paradójica, el poema puede ser a la vez la enfermedad (la comunidad científica ya tuvo a bien bautizar como *poem* un raro síndrome relacionado con la circulación sanguínea, en un homenaje merecido y honesto), el diagnóstico y el remedio, dada su insistencia en recordarnos nuestras debilidades. Cada generación sufre sus correspondientes patologías porque también ellas son hijas de la historia: muy a pesar del desarrollo prodigioso de la medicina, el catálogo de males a los que nos exponemos quienes padecemos el siglo XXI (seguramente la modalidad más sofisticada de cáncer terminal) no deja de crecer en las más diversas acepciones físicas y mentales. Las recientes críticas de buena parte de la sociedad a la sacralización sanitaria pueden entenderse como una reacción de hartazgo contra la ineficacia tanto de la medicina como de la poesía: seguimos a expensas de *lo que nos pase*, y eso, bien visto, es intolerable.

En los poemas de *Derivado al especialista*, las distintas voces (pues son tales, diversas en una polifonía bien reconocible) advierten su propia contingencia en virtud de las habilidades mermadas. Algo no termina de funcionar bien, ya sea en el cuerpo («darle su justo papel / sin que se apodere de la obra») como en el espíritu («Me abandono / con resignada obediencia / en este túnel ensordecedor»), si bien no tardamos en admitir que ambas latitudes se alojan en el mismo hemisferio. Francisco Cansino parece haber confeccionado un pormenorizado catálogo de diagnósticos con intención transversal, un paisaje de criaturas averiadas, ya sean ancianos desolados, parejas en crisis, alérgicos en primavera, afectados por extraños sucesos estomacales y otros pacientes, en una detallada anamnesis colectiva ante la que, sin embargo, el lector se sentirá interpelado a título personal. Pero, igualmente, cada poema es una celebración misma de la poesía, este arte deslavazado hecho para seres incompletos, altavoz de la contingencia que precisamente en su inutilidad abraza su mayor urgencia. El lector encontrará así en cada poema de *Derivado al especialista* un testimonio fiel de la flaqueza que nos atañe, un signo inequívoco de que los dioses están en otra parte, de que nosotros solo podemos pasar nuestros días así, en la más vergonzosa parcialidad, a la espera de que el próximo dolor se haga notar. Por eso la poesía nos corresponde a nosotros, no a los dioses.

De esta manera, los poemas de Francisco Cansino se leen también como un abrazo, como un gesto de solidaridad fraternal en la fatalidad: «enfermaremos de nuevo / porque somos el patógeno / mismo que nos destruye». La apuesta no es precisamente menor: en una época marcada a fuego por la supremacía del *yo* poético, acaso síntoma de cierta vanidad que parece consolarse en su presunta calidad intransferible, Cansino brinda un *nosotros* sostenido con firmeza en la evidencia de que, maldita sea, a todos nos duele algo. Para esto también servía la poesía, y precisamente por esto la poesía no sirve para nada, pero puede confiar el lector en que volverá una y otra vez a las páginas de *Derivado al especialista* para sentirse menos solo. Porque, sí, era posible sacar belleza a raudales de todo esto, como demuestra el autor de estos poemas en cada verso. Alguna tripa más se nos tendrá que romper, todavía.

Pablo Bujalance

DERIVADO AL ESPECIALISTA

FRANCISCO CANSINO CARRASCO

UN CAFÉ

Me gustaría tomar café con mi médico
contarle cómo me siento
llamarlo por su nombre de pila
dejar a un lado las recetas
las analíticas encriptadas de sangre incolora
rememorar entre risas
aquella fiebre rosada
el humo gris de mis pulmones
mi tendencia a la pronación
en la búsqueda circular
de algún sentido
enumerar dolores sin origen
caprichos de un cuerpo malcriado
que me dedicara tiempo
al fin y al cabo
ese que dice que no tiene.

Todo sería más fácil
volvería a creer en él
en su laica fe
de santos con zuecos
y material esterilizado.

Algo parecido me pasa contigo.

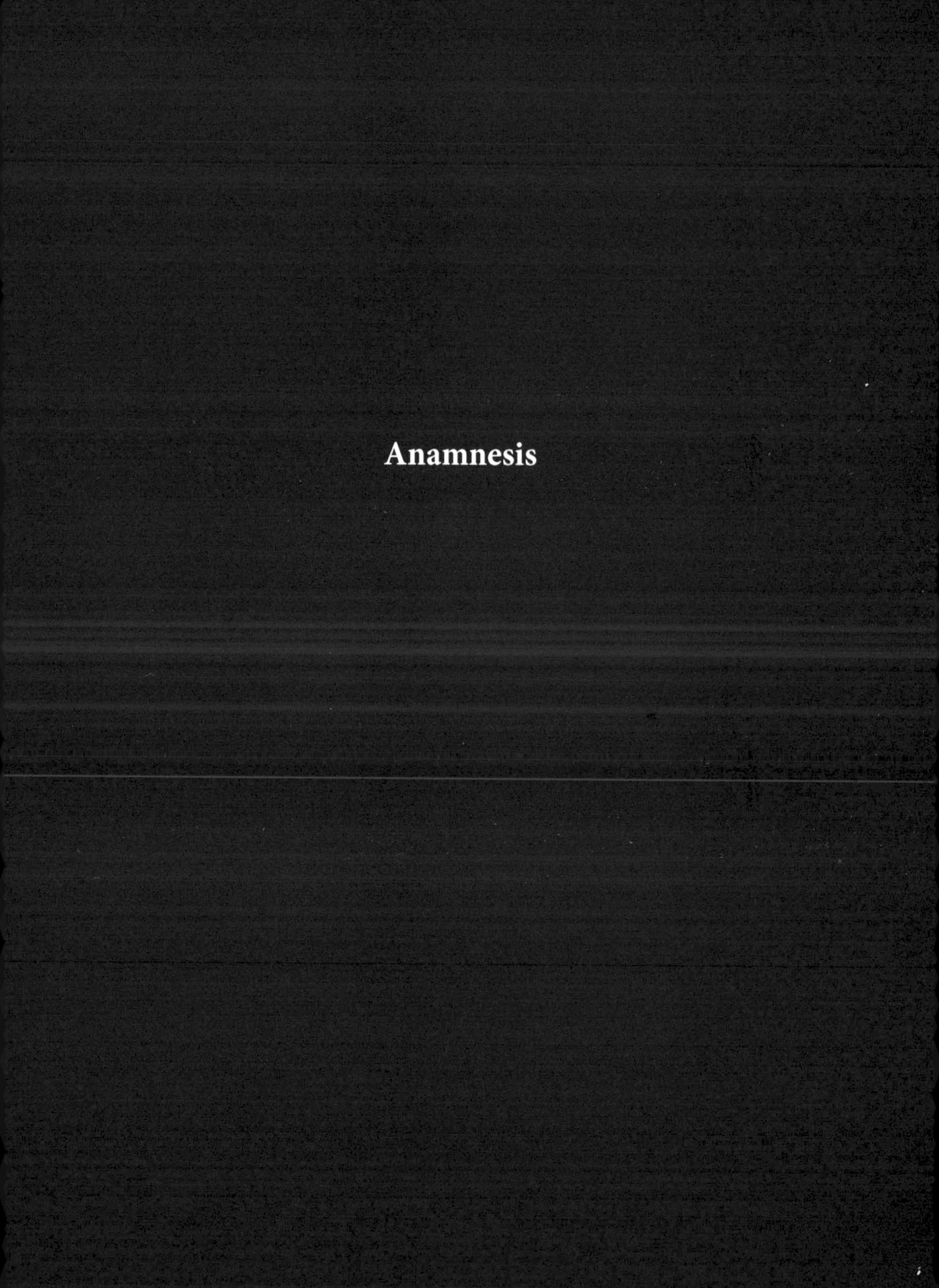

Anamnesis

Es mucho más importante saber qué persona tiene la enfermedad que qué enfermedad tiene la persona.
Hipócrates

La mente sufre y el cuerpo pide ayuda.
El Padrino III

SI TODO ESTÁ BIEN

Todo está bien
para afianzar esta idea
es necesario una especie
de ascetismo ordinario
de andar por casa
si me permites la expresión.
No olvidarte del cuerpo
solo ignorarlo con elegancia
darle su justo papel
sin que se apodere de la obra.
No es fácil lo sé
sería ir a la contra
de nuestra propia existencia encarnada.
Te lo repito *todo está bien*
sin embargo, lo intuyo
casi puedo acariciarlo
tal vez me alcance
para escribirlo
algo va a doler
y no sé qué es.

CORPOGRAFÍA

Si un dron de vocación geográfica
sobrevolara mi piel
sin duda
tomaría fotografías
de estas islas irregulares
descamadas
de estas banderas rojas
que arden sin llamas.

Lo que colapsará al dron
será no discernir
si ese rojo incandescente
es una llamada de auxilio
del náufrago que soy
o una señal de advertencia
para visitantes inoportunos.

IDENTIDAD

Mi carnet de identidad
caduca en dos meses.
Llegada esa fecha
¿quién acreditará si yo
sigo siendo *yo*
y por cuánto tiempo?

Los cuerpos, el mío, el tuyo
regeneran todas sus células
cada siete o diez años.
Hay personas con riñones,
hígados, pulmones,
córneas heredadas,
porciones de *otro*
que dejó de ser *yo*
o que lo sigue siendo.
Entonces
¿qué es la identidad?
¿qué hace que seamos
quienes somos?

Como todas las tardes
ayer tomé un café con mi padre
de tan profunda su mirada
no sostenía el horizonte frente a él
estoy perdiendo identidad

me dijo.
Y la pitón que me anudaba el cuello
apretó un anillo más.

YESO

Mañana
cumplirán las tres semanas
han pasado rápido
al contrario que mi andar
con las muletas.

Mañana
cuando desenvainen la escayola
volveré a parecerme
al bípedo que era.

Hay algo morboso
en el reencuentro con tu pierna secuestrada
una crisis que diría
de pertenencia o identidad.
No volverá a ser plenamente tuya
hasta que camines con normalidad.

Algo parecido sentí
cuando volviste de un largo viaje:
la ansiedad caníbal del sexo
y la certeza de no habitar
un mismo cuerpo.

MÉDIUM

Es fácil adivinar como en el tarot
la numerología o la quiromancia
tu presente y tu pasado
en una muestra de sangre.

Del presente
tu hemograma es elegante
discreto para tu edad
el colesterol acecha aliado con la glucosa
nada alarmante, no eres de excesos.

Del pasado
divorcios fosilizados, una viuda joven
huidas fáciles en tiempos de guerra
abuelos desconocidos, huellas de otras razas
dolores superados y otros enmudecidos
muertos rabiosos que arañan la tierra.
Descifro un gen de violencia contenida
fantasmas infantiles que recuperan
su cuerpo en noches de invierno.
Veo también un joven inquieto
discípulo de Platón ansioso de certezas.

Poco más te puedo decir
pasado y presente los veo en tu sangre.
Para conocer tu futuro
recurre a los posos del café.

PROMETEO

Me pregunto muchas veces
si encadenado Prometeo
sonreía a escondidas al ver
de lejos el vuelo cruel
de su tortura diaria.
Privado de bilis
espantaba la melancolía
y esta lo visitaba solo
al encenderse la noche.
¿Mereció la pena robar a los Dioses?

Me inclino a pensar que sí.

Niego para mí el derecho
de existenciales preguntas,
no sonríe la palidez
de pergamino de mi rostro
ahogado en el espejo
y no hay más fuego que robar
sino los grados de alcohol
que ceban mi hígado
ofrenda final
para los buitres del Olimpo.

SOLEDAD

Cada año
la primera luna de la primavera
llena de púrpura
la cavidad de mi hombro
¡qué absurdo el dolor
cuando es elegido!

Podría renunciar a él
podría evitar el castigo a mi clavícula
a los tendones de mi brazo
y no pasaría nada.
El incienso seguiría
nublando las calles
un tambor mecería
los cuerpos de la Soledad
pero yo me sentiría ingrato
excomulgado en la aporía
de la eternidad y lo finito.

La primera luna de la primavera
traerá de nuevo un viejo dolor
y posará en mi hombro
la misma crisis de fe.

NO DEMORABLE

Con su oronda sonrisa
Doraemon extrae objetos panaceos
de su inagotable marsupio.
Seguro que también allí
reserva un termómetro fantástico
que marca la temperatura deseada.
Nobita es un niño afortunado.

En mi casa no vive un gato cósmico
es tan de casa
que duerme contigo
cuando el mercurio sigue al alza.

Iremos a la consulta no demorable
le explicaré avergonzado
que hay personas que saben
más que yo
de fiebres y remedios
de vacunas y malestares.
Bajo un peldaño en mi omnipotencia
y me consuelo pensando
que aún soy a sus ojos
el hombre más fuerte de todos.
¿Hasta cuándo podré sostener
este tierno engaño?

SILENCIO DE NEGRA

Días más tarde llegó el dolor.
Al principio disimulado
oculto entre mis falanges
encadenando fisuras invisibles
hasta torcer mis dedos.

Nada hay en mis manos
que suene a música
de aquellos días.
Hoy, mis dedos
pentagramas torcidos
solo crepitan notas
para oídos desatentos.

AUTOESTIMA

Me pregunto
si alguna vez la tuve
si se nace pleno de ella
y escapó de mí avergonzada
si los arañazos del azar
me hicieron indigno del escudo.

Tal vez se pueda robar
sea como una fábula
en la que seres parasitarios
se adhieran en el espejo
a nuestros pechos vulnerables
y nuestra imagen desvanece
ahogada en la niebla.

Si así fuera
tendría esperanza
recurriría al estraperlo
pagaría resuelto un sicario
recuperaría lo que es mío
en lugar de ir a terapia
en busca de unos gramos
de autoestima reciclada.

PROFUNDAMENTE

Si sabes silbar, la vida te da viento.
CAETANO

Inspire
Soy capaz de atrapar
implacable seis litros
de aire, retenerlo
en mi avariciosa intimidad
recrearme en la presión
de mi pecho flameante.
Nada iguala
esta sensación de omnipotencia.

Expire
Es el propio aire quien
derriba mis labios, vuela la cárcel
desde dentro y huye.
Lo acompañan pequeños trozos de mí
minúsculos átomos identitarios
que se pierden sin más
sin que yo haga nada
solo acompasarme en un juego
de plenitud y vacío
con la ingenuidad de creerme
un simple espectador.

DIGESTIVA

Igual que ayer
y antes de ayer
y el otro y el otro
sentado en mi sillón
párpados pesados
conciencia líquida casi ausente
una leve hinchazón
inadvertida por fuera
perceptible solo por dentro.

Vuelta a empezar
pierdo el control
desde la primera ingesta
delego toda responsabilidad
en mis tripas, mi inconsciente.
Mi otro *yo* sabrá qué hacer
con ese *todo* de origen
animal y vegetal
con sus nutrientes e impurezas.
¿Es la vida que se multiplica
o tal vez se divide sin fin?
No hay Creador ni autorías
pero sucede sin que pueda decir dónde.

Horas de inquietud
atento a mil señales
y vacías respuestas.
No hay suceso, no hay paciente
porque no hay observador.

LATENTE

Lo he tentado con lecturas
sagradas y profanas
con la entrega absoluta
de mis sentidos
a la contemplación devota
con la escritura automática
la autoría de mis dedos
sin pasar ni un segundo
siquiera por mi pecho.
No hay reacciones en un cuerpo
que cada día siento menos mío
sé que el virus está ahí
mimetizado entre mis órganos
porque se ha manifestado otras veces
cuando descuido la dieta
y bajan mis defensas
cuando el saldo del sueño
mi serenidad adeuda.

Sé que me habita
y no soy *yo*, anda suelto
como Satanás
porque huelo el azufre
oigo los versos que flotan en sangre
unos morirán en el papel
otros reforzarán la cepa

capaz de mutar infinitas veces
con el perverso deseo
de migrar a otros cuerpos.

CUENTO

Érase una vez una preciosa aldea
una de esas de casitas
con chimeneas humeantes en invierno
donde los sonrientes habitantes
ojos claros piel rosada
cantaban al tiempo que ejercían sus oficios.
Se diría que todo era paz
que todo era amor
de no ser por su externa amenaza:
no lejos de allí donde las nubes
ennegrecen y espesan
el Gigante Gigantón aterrorizaba
a los aldeanos aún sin tocarles un pelo.

Como si de un juego se tratara
al encontrarlos en el bosque
corría hacia ellos con entrecortados gritos
y en apenas diez pasos
huracanados jadeos lo detenían
su tos retumbaba tormentosa
al tiempo que los cielos crujían
en cada rincón del bosque.

Una coqueta mañana
cuando el sol aún bostezaba
encontraron a Gigantón

desvanecido junto al río
decúbito supino, su piel de lagarto
palidecía ante las ojipláticas miradas.
Armados de valor se acercaron a la altura
de su pecho donde un sordo tambor
sin sentido del ritmo no era capaz
de retomar la marcha.
Dejémoslo aquí y muerto él
morirá también nuestro miedo
dijo el alcalde poniendo voz
al pensamiento de todos
y volvieron a casa en procesión
de silencio intentando recordar
sin conseguirlo
cuándo el Gigante Gigantón
les causó algún daño.

Y colorín colorado…

RETINIANA

De cerca, siempre
vi mi imagen
en tu pupila.
Bastó un soplo de luz
para que no quedara
rastro en tu retina.

EL LADO DEL CORAZÓN

Me llevo la mano
al pecho izquierdo
              conmovido
por tanto afecto.
Confieso aquí y ahora
un pudor húmedo y rojizo:
un suspenso en anatomía,
ignoro el lugar preciso
del corazón.

Si se encuentra allí,
alineado con mis pensamientos
              y mis ideas,
donde invoco al Espíritu Santo,
o tal vez en el centro del tórax;
Señor omnímodo
del oxígeno y la sangre.

Como si fuera un dios
me calma intuir su presencia
en el *adagio* de mi pulso
y temo su terrible ira
si se muestra en la opresión
de mi pecho.

OLVIDO

Qué irónico recordar
el primer nombre que olvidé
tuve que anotarlo
por eso lo recuerdo.

Antes fueron números
la hora del almuerzo
la izquierda y la derecha
olores y hasta sabores
huyeron de mi cerebro
que hace meses dejó
de ser gris.

A veces intento explicarme
juntaletras tembloroso
agarrado a una sonrisa
y escupo rabioso
para no traslucir el miedo
al tenerte frente a mí
mientras busco en el bolsillo
el maltrecho papel donde anoté tu nombre.

EMESIS

Encoger mis vísceras
que se echan en cara
su ineptitud compartida
vomitar
deshacer la digestión fallida
vaciarse para un nuevo comienzo
purificación del cuerpo
liberación del alma
a pesar del rastro de bilis en la boca.
El vórtice de todos los infiernos
a tres dedos de mi ombligo
es duro hacerlo salir
pero es peor
quedarse en la náusea.

EL JARDÍN

Ya en el vestíbulo
se huele la sonrisa de los naranjos
que salpican el recinto.
Una vez dentro
se abre a los ojos un cuidado jardín
con un serpenteo de adoquines dorados
que lleva a la casa principal.
El murmullo de dos fuentes
con querubines de piedra blanca
te sumerge poco a poco
en un baño de paz.
A ambos lados del camino
la hierba crece verde
hasta los límites que marcan
los rectos jardineros.
De su mano han crecido
flores de toda estirpe
orgullosas de ser parte
de este recreado Edén.
De todas, mi preferida
es la buganvilla
que de niño me decías
estaba hecha de papel.
Pasean sonrientes parejas anacrónicas
saludan por su nombre a quien sentado
en un banco se solaza o a quien

desde un pequeño mirador
contempla el mar a lo lejos
con la melancolía del viajero
o la esperanza ardiente del preso.
Papá, ¿no crees que aquí
estarás mejor?

TERAPIA DE PAREJA

Quince años de matrimonio
fiesta sorpresa
familia cercana, amigos
familia al fin y al cabo
si lo llego a saber…
…estás guapísima de todas maneras
…yo tampoco sabía…
cena fusión oriental
vino maridado, risas conmemorativas
mil abrazos
imágenes de una vida juntos
con su canción de fondo
en su justo volumen
brindis de burbujas y *cheek to cheek*.

De vuelta a casa
Dacia Sandero azul marino
veinte grados
cinco kilómetros bien asfaltados
cuatro semáforos en rojo
siete en verde
tres pasos de cebra sin dueño
crónica deportiva en la radio
un rutinario deseo carnal
y ni una sola palabra.

TÚNEL

Me abandono
con resignada obediencia
en este túnel ensordecedor.
Tal vez haya más de mí
en la taquilla del vestuario:
una camisa sudada
un pantalón vaquero
un anillo de bodas
una cartera con carnets
y algunas monedas.
Quince minutos más tarde
recupero mis pertenencias
mi propio disfraz
que esta vez no cubrirá
mi miedo ni esa intuición
insoportable y corpórea
de la Nada.

SINTOMATOLOGÍA

Ganarse la vida en la que nos parieron
Dormir mal
el día que la conocí
Fiebre ligera
el día que se marchó
Sequedad ocular
la noche que decidimos dormir siempre juntos
Sudoración excesiva
tres mudanzas sin un ajuar
Moderada ictericia
la casa sin espejos
Ligera tos
una barriga de nueve meses
Hormigueo en los dedos
crianza respetuosa y colecho
Astenia primaveral
lecturas compartidas
Rigidez de cuello
deseos complementarios de lunes a domingo
Respiración jadeante
revolución pendiente que no llega
Digestiones difíciles
sentirse inmortal dos o tres veces al día
Dolor articular
sentirse a salvo en un mundo en guerra
Taquicardia.
Tranquilo, todo pasa.

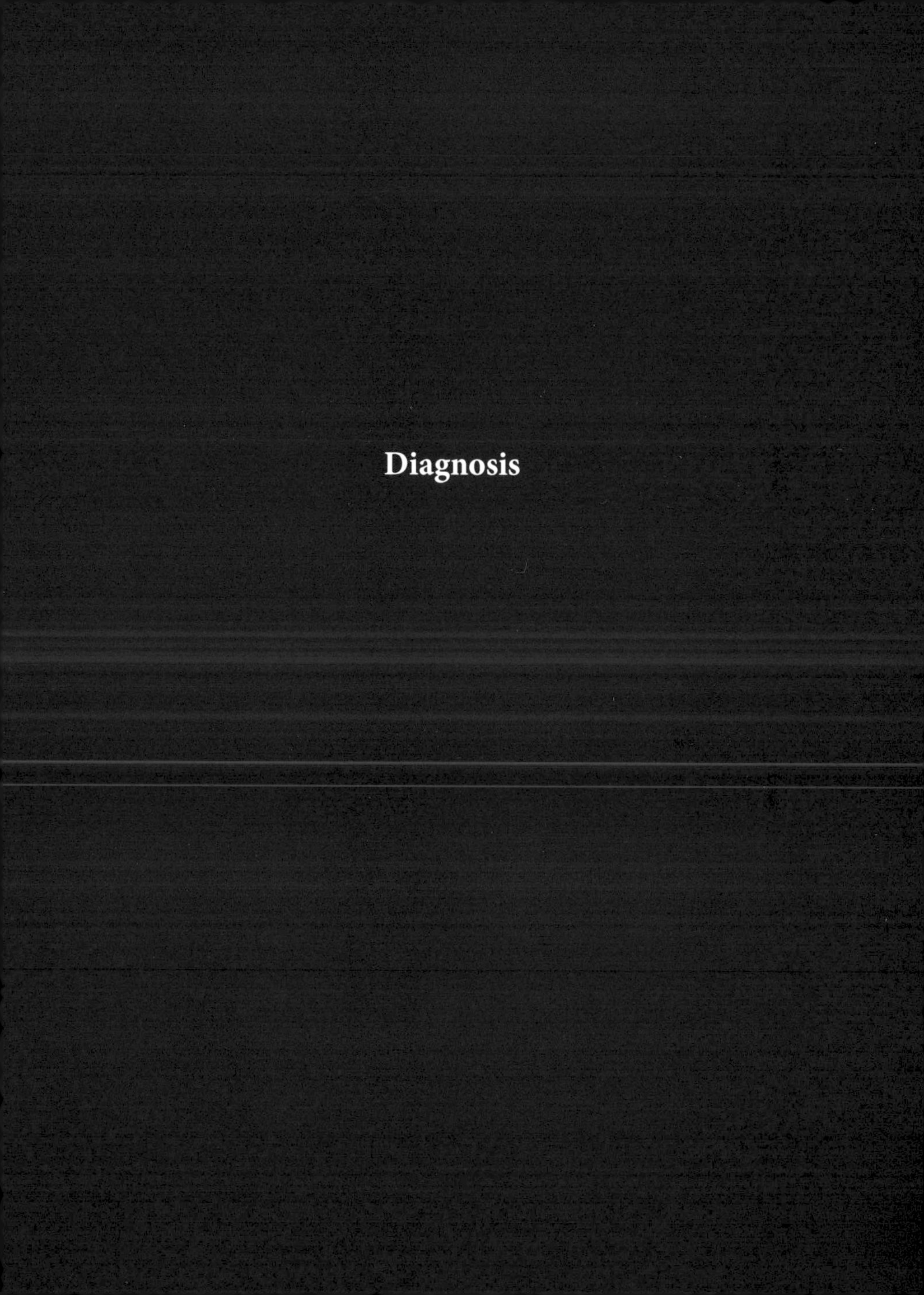

Diagnosis

Descansa tan pronto como haya dolor
Hipócrates

Las palabras son una medicina para el alma que sufre
Esquilo

LA HERIDA

No lejos de mi ombligo
conservo fresca una herida
yo mismo la tallé sin dolor
con un bisturí prestado
en la esterilizada intimidad
de mi propia casa.

Desde entonces, dos veces al día
la limpio con agua bendita
empapada en mi pañuelo de seda
y acaricio sus bordes violáceos
con la ternura de un beso.
Luego mis dedos mojados
de incienso presionan sutiles
y dos gotas de sangre disuelven
la postilla que por naturaleza
iniciaba a formarse.

Es una herida sana
evitaré que supure
que se infecte
haré de ella un sagrario
pero no permitiré que cicatrice
que se cure
y me impida hurgar en ella
cuanto quiera.

NEREIDA

De niño me abrazó
una ola de poniente.
Dicen que perdí el conocimiento
pero yo recuerdo qué pasó.
Un pellizco de mar entró en mí
el médico lo llamó a salir
pero no hubo respuesta
a su exorcismo.

Allí quedó manso
adormecido para siempre
acariciando mi tímpano
en el vaivén de las algas mecidas
de las palabras mojadas
de los susurros salinos
responsable de mi equilibrio
hasta que el golpe
seco de una sirena
me invite a nadar en lo profundo.

EL BANQUETE

Caramelos de gorgonzola,
crujiente de ibérico y *foie*.
Crema de bogavante,
marmoleo de buey
con papas doradas.

Chardonnay blanco,
tinto garnacha reserva de ocho años
acompañan la cena.
Babá napolitano con *chantilly*
leche frita con licor de canela
a los postres.

Tú, ondeas una elaborada sonrisa
tras el fino cristal de la copa.
Nada hay en esta mesa
que vaya a mejorar mi salud.

GRUPO 0

Poco a poco
fui consciente de mi riqueza
oro rojo mío solo mío
tesoro inútil
carente de antígeno en mis venas.

Tengo miedo de esta gracia
podría hacer de cualquiera
sangre de mi sangre
con un aséptico trasvase.

Guárdame el secreto
de tan valiosa
no la quiero compartir
si lo supieran
llamarían siempre a mi puerta.
No quiero este don
de obligada generosidad
no es egoísmo
solo quiero saber
(que) si algo te di
en mi mano estuvo
no haberlo dado.

DIEZ SEGUNDOS

Mis neuronas repetirán un patrón
como una obtusa llamada
sin respuesta
abrirás las ventanas
Noah Lyles contará
cuarentaitrés zancadas y
rozará el récord del mundo
mis ojos mirarán fijos
los ojos de la Nada
recibirás una llamada *spam*
papa Francesco se persignará
seguro en su fe
mis labios besarán
los labios vacíos del viento
siete veces llamará
la aldaba de tu pecho
mientras la radio vociferará
la conveniencia de instalar
una alarma en casa.

Todo sucederá
en mi crisis de ausencia.
Todo menos yo.

AL HACER LA MALETA

Al hacer la maleta
no olvides
acomodar el gato entre tus sedas.
Por mi parte
ordenaré una limpieza a fondo
a prueba de alérgenos
no quedará una sola
de vuestras siestas en el sofá
ni una sola caricia
adherida a la mantita.

Sin ti, sin él
volverá casto el aire
a descender mi garganta
a colmar mi cóncavo pecho.
Renuncio así a toda prueba
A si eras tú, si era él.

El desamor a veces
tiene los pies del gato
se acurruca entre tus piernas
mientras duermes
sin que lo oigas llegar.

OBSIDIANA

Hay en el desierto de mi piel
decenas de gotas de obsidiana
inscripciones numinosas
talladas rayo a rayo por el Sol.

Todas forman parte de mí
de todas conozco sus coordenadas
llevo en ellas un verano
que no pasa
monotonía de olas, tu desnudez
y la mía.

Ingenuo pensé
que estarían siempre conmigo
y me equivocaba.
Estas piedrecitas de volcán
son como la nostalgia
cuando la veas crecer
cuando sus lindes se deformen
apúrate a extirparlas.

ÍCARO

Uno tras otro
protocolos de niño sano
visitas de cortesía
con anfitrión de bata blanca.
La normalidad de fiebres despistadas
de alguna noche en rebeldía
de virus criminales
con resurrección al tercer día,
nada del otro mundo.

En esta ordenada rutina
anunció su evidencia.
Tumbada boca abajo
más palpables que visibles
dos liliputienses colinas
en perfecta equidistancia
triangular, destino
equilátero con la nuca.

Su desarrollo sería excepcional
en menos de un año
aparecerían las primeras plumas
suaves como tiernos sueños
luego fuertes
como deseos reprimidos.

No había lugar
ni tiempo para la duda.
Era el momento
rigurosamente antes
de los ocho años
sin distinción de etnia
género o clase social
dictada por el nuevo Ministerio
de Seguridad y Salud
por su bienestar y el de todos:
amputación de las alas
para no correr riesgos.

NUEVA DIETA

Por mi bien
me adaptaré a una nueva dieta:
cuando me siente a la mesa
el pan dejará de ser Su cuerpo
será la mies confundida en el agua.

Del mismo modo
el vino dejará de ser Su sangre
será vulgar olvido de mis pecados
yo mismo apartaré ese cáliz.

Comeré sólo carne de Su carne
porque no habrá alianza
ni nueva ni eterna
si no celebramos juntos
cada noche la Última Cena.

ROMPER EL CÍRCULO

Aquellas severas manos estrangularon
anónimas mi pecho
un peso muerto en mi garganta
me impedía preguntar su nombre.
Cedí al plomo de mis párpados
a la fusión de espacio y tiempo
que reclamaba mi cuerpo.

Nadie vio al culpable
al autor de los hechos
sospechan de unos ridículos
milímetros de sangre endurecida
dispuestos a asfixiar mis venas.

Según dice el informe
no debo preocuparme
mi corazón se obstinará
en emparejar cada sístole
con una diástole
ignorando mi voluntad
como si *yo* no existiera.
Un perpetuo ciclo cardiaco
sangre en Eterno Retorno
aceptación serena
del que ya no espera
con una sonrisa en los labios.

AL MAR

Llévame al mar
tan pronto como puedas
antes de que mi piel
muestre más heridas.

No olvides la sombrilla
aquella grande, azul y blanca
yo la clavaré en la arena
y estableceré allí mi refugio.

Llévame al mar
donde bauticé inocente
mis primeras vacaciones
donde desafié a los erizos
y di nombre a las medusas.
Solo allí mi piel encontrará
descanso y volverá a ser
la que fue de niño.

Ahora que acaba el verano
llévame al mar
sin perder tiempo
extiende también tu toalla
y quédate conmigo.

DESVELO

A Laura, Raúl y Manolo, agradecidos.

En contra de cualquier
ley de la ciencia
hay dolores en otros cuerpos
que hieren y habitan el nuestro.

A falta de campanarios
en las lindes del sueño
¿quién no ha contado
infinitas toses de garganta?
¿quién no se ha levantado
a testar la fiebre
con el termómetro infalible
de unos labios sanadores?

No hay magia más blanca
que el sortilegio de su voz
padrina y calma
es un virus, no tiene importancia
como los grandes milagros
pasará al tercer día.

MIEMBRO FANTASMA

Con los ojos aún cerrados
como un *scanner* riguroso
mi mano izquierda barre
el otro lado de la cama,
una pequeña hondonada
indolora adhiere mis dedos
a las sábanas dormidas.
Una mesita de noche
un albornoz, una toalla,
un cepillo de dientes,
un café del color de los ojos de Platero,
para honrar su nombre
lo tomo solo.
Son objetos inertes
de un universo monógamo
finito y sin embargo completo.

Estaba advertido:
tras desaparecer,
la ausencia a veces engendra
encaprichada el miembro amputado
una prótesis etérea,
encarnación de la nada,
desafío de la propia identidad,
ontología cuestionada
de lo uno y lo múltiple.

Yo, por más que paso revista
a cada uno de mis sentidos
no percibo cambio ni falta
en mi integridad.

PRIMAVERA

E mi svegliai in primavera.
FRANCO BATTIATO

Reverbera en mis ojos
la virgen luz de primavera
el Edén de lascivas corolas
endomingadas, perfumadas
a conciencia.
Carraspea y jadea en mi pecho
la sola idea
de los estambres erectos
de los estigmas lubricados
de todo ese semen dorado
que espesa intangible el aire.
Toda la flora se cita
en esta orgía espontánea
mariposas y abejas lo saben
y asumen con descarado placer
su rol de Casanova.
Me sublimo
respiro hondo
sorteo un mareo tras otro
y reconsidero la conveniencia
de ajustar mi dosis de antihistamínicos.

LA ÚLTIMA CALADA

Puedo ver a Camus
exhalar la bruma gris
de un eterno cigarrillo
y enturbiar el rostro de Sísifo
que cada vez más cansado
y confuso
reinicia la pétrea subida
del Cáucaso.

Del mismo azul de sus ojos
asciende lento el humo
del cigarro suspendido
en los rendidos labios
de James Dean.
Arde su perenne rebeldía
con cada proyección de sus películas.

Iconos de un estilo, de un modo de ser
abandonaron el mundo sin saberlo
con los pulmones alquitranados
y dejaron en herencia
la nicotina más hermosa
que pueda arder en una fotografía.

Perdone, doctor,
no le cambio de tema
mañana mismo dejo de fumar.

DE DOLORES Y AMENAZAS

De dolores y amenazas
atesora su cuerpo
reliquias mudas
inmunes al rencor.
Colesterol, glucosa
sodio, creatinina
son poco más
que palabras náufragas
residuo seco de la sangre licuada.
Nada teme para sí
quien vio enfermar de ira
el fúsil de su hermano
la exaltación de la raza
elevada a los altares
el discurso demoniaco
del Uno omnipotente.

Solo un miedo
encharca su mirada y dobla sus rodillas
que la historia cierre
su luctuoso anillo
y todo comience de nuevo.

ROMPER

No recuerdo la caída
pero sí
que estabas conmigo.
Un giro sobre mí mismo
un duelo fratricida
de húmero y clavícula
en el rodar de la escalera.

La esquelética foto
de la radiografía
la soledad de paciente
no acompañado
dijeron *roto*.

Apuntalarán el hueso
te absorberá la equimosis
me quedará una cicatriz
un nuevo recuerdo
hasta la próxima caída.

MAL TRAGO

Encadenada la lengua a una faringe que es piedra se cierra la garganta en un ángulo imposible como una flor carnívora que engulle insectos vivos trago por cristales toda palabra que me viene a la boca niego todo faro exterior no hay más sol ni tragaluz que mi fiebre para alumbrar de nuevo el ciclón de las obsesiones de siempre sudor delirante de sábanas enredadas tormenta de un mar envidioso que pasará como una pesadilla con nombre de almendra amarga.

DIECIOCHO ADULTOS, CINCO MENORES

Con frialdad digital
vuelvo a ver las imágenes
enmarcadas en mi mano
los cuerpos se agolpan
en torpes caídas
los píxeles azules
se tragan los negros
colapsa el mar
que dejó de ser cielo
mojado en la otra orilla.
Estaban tan cerca...

El video es solo un momento más
de un infierno que de cotidiano
perdió su nombre.
La tragedia empezó lejos
en Guinea-Conakri, en Mali, en Sudán
22 mantas cubren a las supervivientes hoy
carne ilegal mañana.
Yo escribo el final
Varón raza negra 3 o 4 años
muerte por ahogamiento
a veces mi trabajo es una puta mierda.

VOCES

Cuando las oía
no podía situarlas.
De todas ellas
dos rifaban mi atención
se ignoraban entre sí
intuía su mutuo desprecio.
Una era firme y autoritaria
como un padre
que se sienta a la mesa
solo los domingos.
La otra siempre trabada
señalaba mis errores
incluso cuando dormía.

Por días enteros
las busqué en el espejo
sin éxito, sin encarnación
ni dentro ni fuera
solo voces, inquietante compañía.
Su rotundidad, su peso y calibre
me hacían dudar
de otras existencias
de usted, de este poema
del papel y de mí mismo.
Las voces lo ocuparon todo
desalojándome de mi conciencia
sin noticias de mí durante meses.

La clozapina me trajo de vuelta
a una vivienda tutelada
con la mirada vidriosa
y la respiración forzada.
Identifico con claridad
los cuerpos en sus voces
también el gambeteo
de sus miradas. Soy una isla
arrugada y sin tesoro
en este mar de gentes.
Tanto tratan de ignorarme
que sentado en un portal
añoro el roce de aquellas
que a solas me inquietaban.

MADERA DE ROBLE

Como un roble decían
en el colegio, en el instituto
en cada una de las consultas
de los médicos que tuve.

Así fui cumpliendo años
dejé mi arbórea salud
para ser sano
como una manzana.
Alejándome
de mis sólidas raíces
alisté para los días húmedos
un recurrente dolor de rodillas
y una excesiva sudoración
a partir de la primavera.
Las maderas de mis músculos
ahora carne dulce y madura,
objeto bajo control
de tensión, de glucemia
de colesterol de dioptrías
y de manchas en la piel.
Todo impropio de un roble.

Sé que la vejez
no es una enfermedad
gracias a Dios estoy sano
pero soy perecedero
como una manzana.

QUEDARÁ

Pasará la guerra
quedarán soldados en pie
descarnados vigías
incrédulos ante la desaparición
de los bandos.
Saciaremos el hambre
quedarán los campos
orgullosos amamantarán
a los hijos sonámbulos
que renegarán de la Ciudad.
No habrá más naufragios
amainará la tormenta
quedarán los cayucos
vacíos piezas de un museo
macabro que nadie visitará.
Aboliremos las reformas
quedarán los amantes
desconcertados sin saber
si alguna ley avalará
aquello que sienten.

Y a pesar de todo
enfermaremos de nuevo
porque somos el patógeno
mismo que nos destruye.

Desaparecerá la raza humana
si alguna vez la hubo
y lo tendremos merecido.

DE CERCA

A ver ahora:
E eeeFe eLe O De E C F
Mejor que la primera, ¿verdad?

Puedo nombrar
con la seguridad de un tahúr
la compañía de cada avión
que rasga el horizonte
y distinguir los matices
que dibuja el mar
desde mi ventana.

Sin embargo
en la corta distancia
la debilidad de mi cristalino
derrite letras acaloradas
y encabalga renglones.

Con la misma naturalidad
enturbié tu figura
tu compañía generosa
hasta fundir tu sonrisa.
Por eso al verte hoy
en el desfiladero de la otra acera
un rayo lucífero inundó mi retina,
en unos segundos

recobré la razón y la certeza
de que otra vez a mi lado
la presbicia lo arruinaría todo.

APÉNDICE

Así se sentía
                    un vestigio
de aquello que dejó de ser
una evolución de su especie
un órgano apenas conocido
en la precisa complejidad
de un cuerpo.
Un apéndice
anodino, funcionario invisible
de un maquinal Uno
ignorado por todos.

Ser una amenaza
lo devolvería a la luz
la destrucción del sistema desde dentro
a causa del miedo
sería alguien
como en Columbine
condado de Jefferson
Colorado
gangrenada su conciencia
a lágrima por bala le prestarían atención
aunque fuera para extirparlo
arrojarlo a un contenedor rojo
e incinerarlo conforme a protocolo.

SIN AIRE

El ancla empeñada en hundir mi pecho
me pareció tan cotidiana
como la febrícula
que alumbraba en mi frente
en las horas pares.
Si oí los desaires al ritmo
de mis sístoles y diástoles
lo atribuí al exceso de silencio de mis noches.
Y si el sudor era frío
pensé que nada había de cálido
en estos días de noviembre.

Con la disnea fue diferente
porque atenta a la razón
verdad de parvulario
no se puede vivir
sin aire.

Qué ironía
que ese mismo aire
condición para la vida
se parezca tanto a ti
que dejas al exhalar
charcos de humedad
en mis pulmones.

POZOS

Dentro de mí
en lo más profundo del bosque
hay un pozo de agua negra
quien lo cavó sabe bien
de su hondura.

No pienso dejarte entrar
mucho menos nadar
en él. He tardado años
en flotar limpio en su negrura.

Hoy este pozo
ha sido expropiado
por la Nada
su legítima propietaria
y vuelve a sus dominios
hasta el final de mis días.

HABLAS DE MÍ

Sé que hablas de mí
esos versos
en retorcida espiral sin rima
llevan impreso mi ADN.
Puedo leer el poema con los dedos
tropezar con el entrecomillado
detenerme en la cursiva
y al fondo, un espejo paciente.
No puedes engañarme
con tu fingida voz
con los refinados ecos
de biografía imaginada.

Me entristece
cosificarme en un pasado
que no recuerdo haber escrito.
Lo reconozco
para ciertas cosas
tengo la piel fina.

BRINDIS

Por sabios griegos y egipcios
sabía que su dulce humor
apertura de carácter
el amor por los amigos
la afabilidad con los hostiles
y hasta su buen color de piel
no se debían solo a la herencia paternal,
obedecían a un exceso sanguíneo
un desequilibrio de los cuatro humores.

Tal vez por esto
generoso de ánimo
pronto a compartir
en el silencio melancólico
de voces y luces de la Pascua
alzó su cáliz
y con fulgurosas pupilas
pronunció su brindis.

Bebed todos de ella
porque esta es mi sangre [...]
MATEO

Índice

DIAGNOSIS

Este libro se terminó de editar en Granada
en noviembre de 2025 por

www.aliarediciones.es
info@aliarediciones.es